JAN

DAS GRØSSE
HAMBURG-ERKLÄR-BUCH
DURCH DIE STADT MIT JAN & JÖRN

VON
JAN KRUSE
UND
JÖRN TIETGEN

PIP

Pip, der Pinguin, tauchte eines Tages einfach so in Hamburg auf. An einem kalten Wintertag trieb er auf einer Eisscholle in den Hamburger Hafen und wurde von Jan & Jörn aus der Elbe gefischt. (Fischkopp war natürlich auch dabei.) Jetzt zeigen die drei Pip sein neues Zuhause und erklären ihm, wie die Sachen in der großen Stadt so laufen ...

FISCHKOPP

Fischkopp und Jan & Jörn kennen sich schon lange. Im Flug über Hamburg entdeckt die neugierige Möwe dauernd Neues, was sie den beiden dann zeigen kann. Denn obwohl Jörn ein langer Kerl ist und Jan ihm öfter auf den Kopf steigt, haben sie von unten nicht wirklich den Überblick. Ohne Flügel ist einfach nichts zu machen. Mit aber auch nicht immer. Das weiß Pip am besten.

HALLO HAMBURG-FREUNDE!

Vielleicht lebt Ihr schon immer hier – oder Ihr seid gerade erst hergezogen? Auf jeden Fall scheint Ihr ein bisschen was über Hamburg wissen zu wollen. Sonst hättet Ihr das Buch ja nicht in der Hand. Auf den folgenden Seiten erfahrt Ihr, wie die große Stadt an der Elbe funktioniert, was es hier alles zu entdecken gibt und wie es früher war. Außerdem gibt es auf jeder Seite ein paar ganz spezielle Informationen für die „Klookschieters" (das sind die, die immer alles ganz genau wissen und es auch allen erzählen müssen). Wir wünschen Euch auf alle Fälle viel Spaß mit dem großen „Hamburg-Erklär-Buch"!

Jan & Jörn
& Pip & Fischkopp

JÖRN

Jörn ist ein echter Hamburger. Das heißt ... nicht ganz. Wenn man's genau nimmt, ist er Altonaer. Am liebsten läuft er in den Straßen und Twieten zwischen Alster und Elbe herum, liest Bücher über Hamburg oder stöbert in alten Stadtplänen und Bildern. Deshalb kann er auch so viel über seine Heimatstadt erzählen. Weil er fast alles weiß und lange studiert hat, sagen manche sogar „Herr Doktor" zu ihm.

JAN

Jan kommt eigentlich gar nicht aus Hamburg, sondern aus Bremerhaven. Seine Vorfahren waren Lotsen, Kapitäne und Hafenarbeiter. Aber Jan wird ziemlich schnell seekrank. Deshalb bleibt er lieber an Land und macht Skizzen von allem, was er von dort aus sieht. Er lebt schon lange in Hamburg und hat sich alles immer wieder genau angeguckt. Darum kann er es jetzt bis in die kleinsten Einzelheiten zeichnen.

ALSTER, FLEETE UND KANÄLE

An der Elbe, an der Alster...?

Wenn jemand fragt, an welchem Fluss Hamburg liegt, würden die meisten wahrscheinlich antworten: „An der Elbe, is' doch klar!" Aber so klar ist das gar nicht. Als Hamburg noch eine kleine Stadt war, lag es zunächst mal an der Alster, einem nicht besonders breiten Fluss, der von Norden kommt. An einer Stelle, an der man den Fluss gut zu Fuß durchqueren konnte, entstand vor über eintausend Jahren in einer etwas erhöhten, mit Pflanzen bewachsenen Flussbiegung ein Dorf, in dem einige Händler lebten. Eine solche Gegend bezeichnete man damals als „hamme". Und weil dieses Dorf mit Holzzäunen und einem Graben – aber ohne Wasser drin! – geschützt wurde, erhielt es den Namen „Hammaburg". So fest und mächtig wie die Türme und das Tor in Hamburgs Wappen sah die Burg also überhaupt nicht aus.

Stausee, Deiche, Fleete

Jahrhunderte später baute man dort, wo heute der Jungfernstieg ist, einen Staudamm. So ließ sich die Alster für eine Wassermühle nutzen, und es entstand ein großer Mühlenteich am Stadtrand, der heute Binnen- und Außenalster heißt. Diese Teilung des Sees kam erst durch einen zickzackförmigen Festungsbau im 17. Jahrhundert zustande. Zwischen Alster und Elbe wuchs Hamburg zu einer großen Stadt heran. Da die Gegend anfangs aus mehreren sumpfigen Inseln bestand, befestigte man die Ufer, baute Deiche zum Schutz gegen die Fluten, legte das Land trocken und konnte dann Häuser bauen. Die Flussarme nannte man „Fleete", vom plattdeutschen Wort für „fließen".

FLEET

Wohnen am Wasser

Häuser baute man nun hinter die Deiche – oder auch direkt darauf. So hatte man immer Zugang zum Wasser. Schiffe und Kähne konnten direkt am Haus anlegen und Waren liefern. Außerdem floss das Trinkwasser gleich vor der Haustür entlang. Deshalb hatten viele Kaufleute und Bierbrauer hier ihre Häuser. In den Kaufmannshäusern an der Deichstraße kann man das heute noch sehen. Dort lebte und arbeitete der Kaufmann mit seiner Familie und seinen Bediensteten unter einem Dach.

Orntlich Wasser!

Kann's wohl sagen!

1650

Nee, Hammaburg!

Ne Hammer Burg?

845

Noch mehr Wasserstraßen

Da die Fleete so schön praktisch waren, bauten die Hamburger auch noch einige künstliche Wasserstraßen, die Kanäle, die oft dem Verlauf kleiner Bäche folgten. Viele davon, wie zum Beispiel den Goldbekkanal oder den Isebekkanal, gibt es noch. Sie liegen außerhalb der Innenstadt und waren vor allem wichtig, als vor rund hundertfünfzig Jahren eine Menge neue Stadtteile und Fabriken gebaut wurden. Vom Hafen an der Elbe konnte man mit dem Boot über die Alster und die Kanäle Waren und Baumaterial einfach hin und her transportieren oder mit dem Alsterdampfer zur Arbeit in die Stadt fahren. Heute werden die Fleete und Kanäle für den Transport per Schiff nicht mehr gebraucht – aber Bootfahren kann man auf ihnen immer noch. Ob man nun segelt, rudert, paddelt oder ein Tretboot mietet.

Für Klookschieters

Obwohl die Stadt einigermaßen weit von der Nordsee entfernt ist, gibt es in Hamburg Ebbe und Flut. Ziemlich genau alle sechs Stunden ändert das Wasser seine Fließrichtung, sodass jeweils zweimal am Tag Hochwasser und Niedrigwasser ist. Bei Hochwasser steht das Wasser immerhin dreieinhalb Meter höher als bei Niedrigwasser. Dieser sogenannte „Tidenhub" ist also ungefähr so hoch wie zwei Erwachsene übereinandergestapelt.

Ein „Fleetenkieker" war eine Art Lumpensammler, der bei Niedrigwasser, wenn in den Fleeten kaum noch Wasser war, darin herumstapfte. Dort suchte er nach Dingen, die anderen vielleicht ins Fleet gefallen waren, um sie dann zu Geld zu machen.

Früher nahm man nicht nur sein Trinkwasser aus den Fleeten, sondern kippte auch seinen Müll und das Abwasser in die Fleete. Aus vielen Toiletten plumpste der Schiet direkt ins Wasser. Das ergab dann natürlich eine ziemlich trübe Brühe. Außerdem konnten sich Krankheiten auf diese Weise in der Stadt leicht verbreiten. Und das Hamburger Bier, ja, das soll wegen der Zutaten besonders würzig geschmeckt haben.

Krass nass!

ALSTER

Isebekkanal

Rondeelkanal

Goldbekkanal

Osterbekkanal

AUSSENALSTER

Uhlenhorster

Mundsburger

HOTEL

HOTEL

KUNST

BINNENALSTER

FLEET

QUEEN MARY 2

ELBE

HAFEN

Bunte Kisten

Schiffe, groß und klein, schieben sich die Elbe rauf und runter. Mit ihnen kommen die Waren nach Hamburg und verlassen die Stadt auch wieder – meist in bunten, stählernen Containerkisten. Bananen aus Südamerika, Klamotten aus Bangladesch, Tablets aus China oder Getreide aus den USA. Tausenderlei mehr oder weniger nötige Dinge gelangen aus aller Welt in den Hamburger Hafen. Zusammen rund acht Millionen Container schippern jedes Jahr in die Stadt hinein und wieder hinaus. Für Hamburg ist das wichtig, weil damit Geld verdient werden kann: mit dem Handel und der Weiterverarbeitung von Waren, mit dem Gütertransport oder mit dem Bau und der Reparatur von Schiffen. Und so gibt es im Hafen Werften, wo Schiffe gebaut und repariert werden, viele Kilometer Eisenbahnschienen mit langen Güterzügen und Straßen voller Lastwagen, aber auch Fabriken. Gearbeitet wird hier Tag und Nacht, nur wohnen tut hier fast niemand.

LOGISTIK

TRANS CARGO

PRIDE OF CHINA

BUGSIER 2

BUGSIER 19

JAN & JÖRN

CAP SAN DIEGO

U-434

Fisch

11
10

ALTER ELBTUNNEL

FISH & DIPS

Fisch-markt So.früh

Harte Arbeit

Seit Jahrhunderten sorgt der Hafen dafür, dass viele Tausende Menschen Arbeit haben und es der Stadt immer ziemlich gut gegangen ist. Schon im Mittelalter segelten Koggen, die kleinen bauchigen Segelschiffe jener Zeit, beladen mit Hamburger Bier nach England oder nach Holland und brachten Stoffe, Gewürze und andere Waren zurück. Vor rund hundert Jahren war der Hamburger Hafen sogar der drittgrößte der Welt! Dampfschiffe verdrängten mehr und mehr die Segelschiffe von den Anlegeplätzen an den Kaianlagen. Dort schufteten Hafenarbeiter, oft Männer ohne Ausbildung, die als Tagelöhner (also ohne ein festes monatliches Einkommen) jeden Tag von Neuem schauen mussten, wo sie den nächsten Job finden konnten. Hafenarbeit war hart: Kisten schleppen, Säcke stapeln, Getreide schütten – und das fast ohne technische Hilfe. Immerhin mussten die Arbeiter seit 1911 nicht mehr über die Elbe zur Arbeit rudern, durch den Elbtunnel kamen sie nun schnell auf die andere Seite der Elbe.

Flacher Fluss

Die größten Schiffe können nicht bis ganz in die Stadt bei den Landungsbrücken fahren, denn die Elbe lässt sich hier wegen des alten Elbtunnels nicht tief genug ausbaggern. Früher war die Elbe nämlich ein sehr flaches Gewässer. Doch je größer die Schiffe wurden, desto tiefer musste man den Grund des Flusses ausheben. Vielleicht machen die ganz großen Schiffe sich bald gar nicht mehr die Mühe, überhaupt nach Hamburg zu fahren. Immerhin zwölf Stunden dauert es hin und zurück von der Nordsee in die Stadt. Und das auch nur bei Flut. Denn bei Ebbe fehlen schon mal dreieinhalb Meter Wasser unter dem Schiff. Damit kein Schiff auf Grund läuft oder gegen eine Brücke fährt, dürfen die Kapitäne ihre Schiffe auch gar nicht allein steuern, sondern müssen einen Lotsen an Bord nehmen, der sich auf der Elbe extrem gut auskennt. Genauso gut wissen die Kapitäne der Hafenfähren und Barkassen über den Fluss Bescheid. Mit ihnen kann man in den Hafen hineinfahren und darüber staunen, wie schnell die Führer in den kleinen Glasgondeln der riesigen Containerbrücken die schweren Kisten aus den Schiffsbäuchen heben und an Land bringen. Was in den Kisten drin ist? Das wissen sie meist selbst nicht. Wo die Waren hingehen? Keine Ahnung, das wissen nur die Eigentümer der Ladung und ihre Transportunternehmen. Aber dass manche Sachen aus den Containern auch bei ihnen zuhause landen – das wissen sie bestimmt.

Für Klookschieters

Der Transport mit dem Schiff ist viel billiger als mit dem Lastwagen oder mit der Bahn. Für ein Tablet aus Asien oder ein Pfund Kaffee aus Mittelamerika kostet er nur ein paar Cent.

Und? Ist die Elbe salzig oder süß? Das Salzwasser aus der Nordsee kommt selbst bei Hochwasser nicht bis nach Hamburg, also besteht die Elbe hier nur aus Süßwasser.

Wegen der Gezeiten muss sich Hamburg vor Sturmfluten schützen. Dafür gibt es in der Nähe des Hafens Deiche, Schutzmauern und Flutschutztore.

In die Ferne

Im 19. und frühen 20. Jahrhundert war Hamburg für viele Menschen der Startpunkt einer weiten Reise über das Meer. Sie wanderten per Schiff aus Europa aus, um Armut und Verfolgung zu entkommen, vor allem nach Amerika, so wie heute viele Menschen anderswo ihre Heimat verlassen, um in Deutschland ein besseres Leben zu finden. Heute besteigen Passagiere in Hamburg aber nur noch schicke Kreuzfahrtschiffe für die Urlaubsreise oder gehen hier auf großer Fahrt an Land. Im Gegensatz zu den Matrosen auf den Containerschiffen bekommen sie dabei auch etwas von der Stadt zu sehen. Denn selbst die größten Containerschiffe – Kolosse, die länger als drei Fussballfelder hintereinander sind – machen meistens nur ein paar Stunden im Hafen fest. Nicht genug Zeit für die Seeleute, um Hamburg wenigstens ein bisschen kennenzulernen.

RATHAUS, BÖRSE UND PRESSE

RATHAUS

BÜRGERSCHAFT

RATHAUS

BÜRGERMEISTER

SENAT

Bestimmer und Bestimmte

Hamburg wird manchmal als bürgerliche Stadt bezeichnet. Damit ist gemeint, dass ihre Einwohner, die Bürger, schon lange selbst darüber bestimmen, wie sie in der Stadt leben wollen. Denn seit dem Mittelalter war Hamburg ein kleiner, selbstständiger Staat innerhalb des Deutschen Reiches. Einen König oder Fürsten gab es hier nicht – und deshalb auch kein Schloss. Die wichtigen Entscheidungen wurden alle im Rathaus gefällt. Die Bestimmer, die dort das Sagen hatten, waren allerdings eine sehr kleine Gruppe: Um in der Politik mitreden zu dürfen, musste man ein Mann sein, ein Grundstück besitzen, Steuern bezahlen und einen Eid auf die Stadt geschworen haben. Alle Frauen und die ärmeren Männer durften also nicht mitbestimmen – und die Kinder sowieso nicht.

Bürgermeister, Bürgerschaft und Senatoren

Erst seit ungefähr hundert Jahren dürfen in Hamburg alle erwachsenen Männer und Frauen die „Bürgerschaft", die Hamburger Volksvertretung, wählen. Ihre Mitglieder gehören fast immer zu einer Partei. Heutzutage wählt die Bürgerschaft dann den Bürgermeister als Chef der Regierung. Und der kann sich danach seine „Senatoren" aussuchen, die mit ihm die Regierung bilden. Das Rathaus ist deshalb innen geteilt in eine Seite, in der sich die Bürgerschaft trifft und arbeitet, und die andere Seite, in der die Regierung ihre Räume hat. Gemeinsam bestimmen sie darüber, wo neue Stadtteile, Straßen oder U-Bahn-Linien gebaut werden oder was für Schulen und wie viele Lehrer es in der Stadt geben soll.

Für Klookschieters

Die Bürgerschaft ist ein „Feierabendparlament". Das heißt, dass die gewählten Volksvertreter sich nur ab nachmittags zu Sitzungen treffen. Sie haben also einen Beruf und sind gleichzeitig noch Politiker. Deshalb verdienen sie auch weniger Geld als die Politiker in anderen Bundesländern.

Wie wurde man früher Ratsherr? Ganz einfach: Starb ein Ratsherr, suchten sich die restlichen Ratsherren einfach ein neues Mitglied aus dem Kreis der reichen Bürger aus. Ratsherr blieb man dann, bis man selbst starb, es sei denn, man ging vorher pleite. Denn dann durfte man nicht mehr Mitglied des Rates bleiben.

Hamburg hat die älteste Börse Deutschlands. Es gibt sie bereits seit 1558.

„Pfeffersäcke" in der Börse

Da früher meist nur die reichen Kaufleute Mitglieder von Rat und Bürgerschaft waren, ist es kein Wunder, dass das Rathaus direkt mit dem Gebäude der Börse verbunden ist. In der Börse trafen sich die Kaufleute früher, um Geschäfte zu machen. Und viele Männer, die morgens in der Börse ordentliches Geld verdienten, redeten nachmittags im Rathaus ein Wörtchen mit. An der Börse wurden wertvolle Waren verkauft, Versicherungen abgeschlossen und später auch Anteile an Firmen, sogenannte Aktien, gehandelt. Da beispielsweise eine Ladung Pfeffer zeitweilig ein Vermögen wert war, hatten die reichen Kaufleute schnell den nicht ganz so nett gemeinten Spitznamen „Pfeffersäcke" weg. Heute ist die Börse für Hamburg allerdings nicht mehr ganz so wichtig wie früher. Deshalb trifft man hier auch nur noch selten „Pfeffersäcke".

Zeitung, Fernsehen, Internet

Damit die Hamburger auch wissen, wer sich worüber im Rathaus streitet und was sonst noch so in der Stadt passiert, berichten viele Medien darüber, also Zeitungen, Fernsehsender oder Online-Magazine. In Deutschland ist Hamburg eine von den Städten, wo besonders viele solcher Informationsquellen produziert werden. „Morgenpost" und „Abendblatt" gibt's am Kiosk zu kaufen. Sie berichten – mit oft ganz unterschiedlichen Meinungen – darüber, was im Rathaus passiert und was man davon halten soll. Wöchentliche Zeitschriften wie „Der Spiegel" oder Zeitungen wie „Die Zeit" kommen aus Hamburg, aber auch „Bravo" oder „Geolino" und die bekannteste deutsche Nachrichtensendung im Fernsehen – die „Tagesschau" – werden in Hamburg produziert. Sie alle bieten ihre Informationen zu Hamburg und der Welt auch im Internet an.

ARBEIT, BÜRO UND KONTORHÄUSER

Bezahlte und unbezahlte Arbeit

In Hamburg leben fast zwei Millionen Menschen, von denen mehr als die Hälfte arbeitet. Zwar tun auch die anderen Menschen alle möglichen Dinge, aber weil sie damit kein Geld verdienen, zählt das leider ganz offiziell nicht als Arbeit: Kinder kriegen zum Beispiel Hausaufgaben auf, alte Leute machen ihren Haushalt, und einige Menschen kümmern sich um ihre Familie. Zusätzlich kommen täglich noch sehr viele „Pendler" in die große Stadt, um ihr Geld zu verdienen – Menschen, die nicht in Hamburg wohnen, aber jeden Tag zur Arbeit herfahren müssen.

Zwei Sorten Arbeit

Insgesamt haben weit mehr als eine Million Menschen in Hamburg einen Beruf. Was sie machen, ist ganz verschieden. Wenn wir uns eine Gruppe von hundert Menschen (ungefähr so viele wie vier Schulklassen zusammen) vorstellen, die in Hamburg arbeiten, dann stellen nur zehn von ihnen in Fabriken oder Werkstätten Dinge her und drei arbeiten auf Baustellen. Die restlichen 87 Personen verrichten alle sogenannte „Dienstleistungen", also Arbeiten, die sie gegen Geld für jemand anderen ausführen: Die Frau hinterm Postschalter ist genauso eine „Dienstleisterin" wie der Kellner, der Klempner, die Polizistin oder die Lehrerin. Nicht gerade überraschend für eine große Stadt, arbeitet nicht einmal eine von den einhundert Personen in der Landwirtschaft.

Dinge aus Hamburg

Auch wenn es in Hamburg nicht mehr so viele Fabriken gibt wie früher, als ganze Stadtteile wie Ottensen oder Barmbek aus ziemlich schmutzigen Industriebetrieben bestanden, werden heute immer noch viele (zum Teil weltberühmte) Produkte in der Stadt produziert. Zum Beispiel Flugzeuge und Schiffe, Handcremes und Klebeband, Cola und Bier, Pflaster und Füller.

Büro und Kontor

Die meisten Menschen in Hamburg arbeiten in Büros, die in Hamburg oft noch „Kontore" heißen. Ihre Arbeit verrichten sie dort fast den ganzen Tag am Computer. Meistens befinden sich die Büros in extra für diese Arbeit gebauten Häusern, die ganz verschieden aussehen, je nachdem, wann sie gebaut wurden. So werden heutzutage viele moderne Bürohäuser aus Glas, Stahl und Beton und oft ziemlich hoch gebaut. Die älteren Hamburger Kontorhäuser bestanden dagegen außen aus Stein oder Klinkern und waren nur wenig größer als die Wohnhäuser. Das berühmteste Hamburger Kontorhaus, das wegen seiner besonders interessanten Form weltbekannte „Chilehaus", galt aber schon als Hochhaus, als es vor gut hundert Jahren errichtet wurde.

Für Klookschieters

Die älteren Kontorhäuser haben oft einen „Paternoster". Das sind ziemlich komische Fahrstuhlketten, die nie anhalten. Und wenn man nicht rechtzeitig aussteigt, fährt man kopfüber wieder runter. Nee, das is' Tünkram. Natürlich verschieben sich die Fahrkörbe im Keller und im Dachgeschoss nur seitwärts, sodass keiner auf dem Kopf stehen muss und die Leute auch nicht durcheinanderpurzeln.

„Klinker" sind besonders typisch für die Kontorhäuser. Das sind bei sehr hohen Temperaturen aus Ton gebrannte Mauersteine, die Wind und Wetter besonders gut abkönnen. Ihr Name stammt vom holländischen Wort für „klingen" und kommt daher, dass man einen ganz unverwechselbaren hellen Ton hören kann, wenn man zwei solche Steine aneinanderschlägt.

MUSEEN, KUNST, THEATER UND BÜCHERHALLEN

Bildung für alle

Eltern wollen ja immer, dass man was lernt. Und das ist auch gut so! Denn dass alle Kinder in die Schule gehen dürfen, war in früheren Jahrhunderten überhaupt nicht selbstverständlich. Doch außer den mehr als dreihundert Schulen gibt es noch viele andere Einrichtungen, die sich in Hamburg um die Bildung kümmern. Dazu gehören die Museen und die Bücherhallen, aber auch die Theater. Viele von diesen Bildungs- und Kulturangeboten werden mit Steuergeldern bezahlt, also aus dem Teil des Einkommens, den die Berufstätigen an den Staat abgeben müssen. Warum? Na, damit man stöhnen kann, wenn die Eltern mal wieder die tolle Idee haben, „sich was anzuschauen". Zum Glück ist das dann meistens aber doch spannender, als es sich zuerst anhört. Und „in echt" ist die Idee dahinter, dass alle Menschen sich fortbilden können, um immer schlauer zu werden. Ganz gleich, wie viel Geld sie haben.

Museen

In Hamburg gibt es eine Menge Museen, die sich ganz unterschiedlichen Themen widmen: Alte und neue Kunst findet man in der Kunsthalle, über andere Länder und Kulturen kann man sich im MARKK informieren. Im Museum der Arbeit geht es darum, wie man früher gearbeitet hat, im Maritimen Museum um die Seefahrt. Und, und, und ... Wenn man mag, lässt sich hier ganz viel entdecken, und fast überall kann man auch selber was machen.

Ist das Kunst?

Manchmal stolpert man auf den Wegen durch die Stadt auch über Dinge, die auf den ersten Blick keinen Sinn ergeben. Warum steht beim Hauptbahnhof an der Wand ein Schriftzug „die eigene Geschichte" oder vor den Gerichten am Sievekingplatz eine Ansammlung von Blumentöpfen? Wieso sitzt ein Herr Lessing auf dem Gänsemarkt und steht eine Frau Europa an der Brooksbrücke? Oft versteht man Denkmäler und Kunstwerke an öffentlichen Orten nicht sofort, aber meistens haben sie eine Botschaft oder erinnern an etwas: an berühmte Bewohner der Stadt, an gemeinsame Ideale der Menschen für ein gutes Zusammenleben oder an Leute, die bei grausamen Verbrechen in der Stadtgeschichte gestorben sind. Und manchmal sollen sie auch einfach nur lustig sein oder dazu anregen, einen Moment nachzudenken.

Für Klookschieters

An vier Stellen in Hamburg reibt man sich die Augen, wenn man auf dem Wasser stehende Männer entdeckt: Sind die echt? Es handelt sich um die „Männer auf Bojen" des Künstlers Stephan Balkenhol, die im Sommerhalbjahr auf der Außenalster, der Elbe bei Övelgönne, der Süderelbe in Harburg und der Bille in Bergedorf zu sehen sind.

In das kleinste Theater Hamburgs an der Washingtonallee im Stadtteil Horn passen nur vierzig Zuschauer rein.

Erst wenn jede Hamburgerin und jeder Hamburger gleichzeitig ein Buch bei den Öffentlichen Bücherhallen ausleihen würden, wären dort alle Regale leer.

Bücherhallen und Theater

Unterhalten oder zum Nachdenken anregen soll auch das Theater. Egal, ob ein uraltes oder ein brandneues Stück gespielt wird, besonders gut wird es immer dann, wenn es den Schauspielern gelingt, eine Geschichte so lebendig darzustellen, dass man lachen oder weinen muss und die eigenen Gedanken in Schwung gebracht werden. Dazu dienen auch die Öffentlichen Bücherhallen. Für ganz wenig Geld kann man hier Unmengen von Büchern, Filmen und Tonträgern ausleihen und sich zuhause in Ruhe damit beschäftigen. Ähnlich wie die öffentlichen Schulen und Grünanlagen zählen die Bücherhallen zu den Einrichtungen, die mit dem Ziel eingeführt wurden, dass jeder Mensch, egal wie arm oder reich er ist, sie besuchen kann, um sich zu erholen, Spaß zu haben und sich zu bilden.

VERKEHR UND VERKEHRSMITTEL

AUTOBAHN

Viel Verkehr

Zu Lande, zu Wasser und in der Luft sind in Hamburg viele verschiedene Verkehrsmittel unterwegs, denn die Stadt ist eingebunden in große Verkehrsnetze, die die ganze Welt umspannen: Linienschiffe bringen Waren in andere große Hafenstädte, Züge und Flugzeuge transportieren Menschen und Güter von Ort zu Ort, und breite Autobahnen mit vielen Fahrspuren durchqueren die Stadt. Als größte Stadt in der Region führen in Hamburg viele Wege zusammen. Das liegt auch daran, dass es hier mehrere Möglichkeiten gibt, die Elbe zu überqueren: über die Elbbrücken und durch die Elbtunnel.

Hochbahn

Innerhalb der Stadt bewegt sich der Verkehr vor allem auf Straßen und Schienen – Fähren, die Wasserwege nutzen, gibt es natürlich auch. Seit vor über hundertfünfzig Jahren die erste Eisenbahn fuhr, ist das Streckennetz von U- und S-Bahnen immer größer geworden. Auf die ersten Pferdebahnen folgten Straßenbahn- und Eisenbahnstrecken weit über den Stadtrand hinaus, bis 1912 auch die erste „Hoch- und Untergrundbahn" ihren Betrieb aufnahm. Mit den neuen Verkehrswegen wuchs die Stadt schnell, und viele Leute gewöhnten sich daran, weite Strecken zur Arbeit zu fahren. Wo genügend Platz ist, führen die Schienen überirdisch durch die Stadt. Da kann man den Leuten in den Häusern neben der Bahnlinie dann im Vorbeifahren mal kurz ins Wohnzimmer schauen. Dort, wo es für die Bahnen zu eng ist, muss man eben Tunnel bauen. Leider hielt man die Straßenbahn für eine schlechte Idee, sodass sie wieder abgeschafft wurde. Heute rollen stattdessen mehr Busse durch die Straßen. Hat man Glück, fahren sie auf einer eigenen Busspur. Wenn nicht, steckt man mit ihnen leider öfter, genau wie die Autofahrer, im Stau.

HAMBURG

<<<STAU

Mit Fahrrad, Auto und zu Fuß

Autofahren in der Stadt ist häufig kein Spaß. Nicht für die Fahrer und ihre Mitfahrer, die in den verstopften Straßen oft mehr stehen als fahren, und auch nicht für die Fußgänger und Radfahrer, die Lärm und Abgase ertragen müssen und von den Autofahrern manchmal übersehen werden. Zum Glück ist Hamburg eine flache Stadt und das Radfahren dadurch nicht so anstrengend. Die meisten Wege lassen sich gut mit dem Rad erledigen. Manchmal ist man dabei sogar schneller am Ziel als mit dem Auto oder dem Bus. Weil so viele Menschen auf den Straßen unterwegs sind, stehen überall Schilder und Wegweiser, Ampeln und Kameras, die den Verkehr beobachten. Denn um den Verkehr in Bewegung zu halten und Unfälle zu vermeiden, braucht es gemeinsame Regeln und schlaue Ideen, wie man den Verkehr gut lenken kann.

Hauptbahnhof und Flughafen

Um in die weite Ferne zu kommen, gibt es den Hauptbahnhof und den Flughafen Fuhlsbüttel. Fast eine halbe Million Menschen nutzen täglich den Hauptbahnhof. Fast jede Minute fährt hier ein Zug – nach Prag oder Elmshorn, nach Kopenhagen oder Buchholz und in hunderterlei andere große Städte und kleine Orte. Wenn es ganz schnell gehen soll, hilft nur das Flugzeug. Der Hamburg Airport in Fuhlsbüttel liegt fast noch in der Stadt und ist mit der S-Bahn erreichbar. Ungefähr alle zweieinhalb Minuten startet oder landet hier tagsüber ein Flugzeug – vom kleinen Privatflugzeug nach Sylt bis zum Großraumflugzeug nach New York. Außer nachts: Denn zwischen elf Uhr abends und sechs Uhr morgens dürfen Flugzeuge nur ausnahmsweise unterwegs sein, damit die Menschen in den Wohngebieten rund um den Flughafen ruhig schlafen können.

Für Klookschieters

In der Verkehrsleitzentrale der Hamburger Polizei wird der Straßenverkehr rund um die Uhr beobachtet. Kameras zeigen den Beamten die Lage an wichtigen Straßen und Kreuzungen. Die Polizisten können von hier aus auch die Ampelschaltungen verändern.

Die Hamburger Buslinie 5 ist die am meisten benutzte Buslinie in ganz Europa. Eine Zeit lang waren hier die längsten Doppelgelenkbusse der Welt im Einsatz.

Die erste elektrische Verkehrsampel in Hamburg wurde 1925 an der Mönckebergstraße aufgestellt. Schon ein Jahr vorher wurde eine Ampel in Berlin in Betrieb genommen.

In Hamburg leben doppelt so viele Menschen, wie Autos, Lastwagen und Motorräder herumstehen oder herumfahren. Dazu kommen allerdings noch die ganzen Fahrzeuge, die in anderen Orten angemeldet sind und jeden Tag durch die Stadt fahren.

SPEICHERSTADT UND HAFENCITY

Ein „Freihafen" für Hamburg

Ende des 19. Jahrhunderts wurden im „Deutschen Reich" viele Grenzen zwischen den verschiedenen Mitgliedsstaaten abgeschafft. Für Hamburg und seine Kaufleute hieß das, dass sie einen ganz besonderen Vorteil aufgeben mussten. Sie durften nun nämlich nicht mehr selbst über den Zoll (quasi der Eintrittspreis für Waren in die Stadt) bestimmen. In Verhandlungen mit der Regierung des Reichs wurde aber ein Kompromiss geschlossen. Hamburg bekam einen „Freihafen". Der Vorteil: Alle Waren, die mit dem Schiff aus fernen Ländern in Hamburg ankamen, durften im Hafen gelagert oder zu Produkten verarbeitet und danach in alle Welt verschifft werden, ohne dass der deutsche Zoll bezahlt werden musste. War vorher ganz Hamburg ein eigenes Zollgebiet gewesen, so blieb nun ein großer Teil des Hafens sozusagen Ausland. Die Hamburger Kaufleute konnten sich also weiterhin die Kosten für die Einfuhr der Waren sparen.

Reihenweise Lagerhäuser

Für die vielen Waren, die man nun ohne Zoll zu zahlen im Hafen aufbewahren durfte, brauchte man ganz schnell neue Lagerflächen. Kurzerhand entschied man deshalb, einen ganzen Stadtteil abzureißen und das riesige Gebiet stattdessen reihenweise mit Lagerhäusern zu bebauen. Über 20 000 Menschen wurden aus ihren Wohnungen vertrieben und mussten zusehen, wo sie selbst eine neue Unterkunft fanden. Die neuen Speicher hatten sehr dicke Mauern und waren im Inneren ziemlich dunkel. Kostbare Waren wie Kaffee, Tee oder Gewürze konnten in diesen Häusern bei gleichmäßiger Temperatur und Feuchtigkeit über längere Zeit gelagert werden, ohne zu verderben. Im Freihafen und der Speicherstadt durfte man allerdings nicht wohnen oder Läden betreiben. Durch Zäune und Grenzkontrollen, die Schmuggel verhindern sollten, waren sie von der Stadt getrennt.

Alte Speicher, neues Leben

Heute gibt es den Freihafen und die Grenzkontrollen nicht mehr. Außer Orientteppichen werden nur noch selten Waren in der Speicherstadt gelagert. Und die werden auch nicht mehr mit kleinen Booten („Schuten") vom Wasser aus angeliefert, sondern mit dem Lastwagen von der Landseite. Heute ist es erlaubt, die Speicher für ganz andere Dinge zu nutzen als für die Lagerung von Waren. Es gibt dort zum Beispiel eine gigantisch große Modelleisenbahn, eine Horror-Unterhaltungsshow, Museen, Restaurants und immer mehr Büros und Geschäfte.

Ein ganz neuer Stadtteil

Direkt neben der Speicherstadt baut Hamburg einen ganz neuen Stadtteil, die Hafencity. Sie entsteht auf riesigen Flächen, die man für den Hafen nicht mehr braucht, weil sie für die großen Containerschiffe schlecht erreichbar sind. In der Hafencity werden viele neue Wohnungen und noch mehr Büros errichtet. Damit sich in dem neuen Stadtteil schnell ein ganz normales Leben entwickelt, werden aber auch Einkaufsstraßen, Schulen, Parks, Sport- und Spielplätze gebaut. Auch wenn alles sehr modern ist, fällt auf, dass die Häuser nicht alle gleich aussehen, sondern viele verschiedene Architekten die Gebäude entwerfen durften. Das berühmteste Gebäude der Hafencity ist die Elbphilharmonie, in der Konzertsäle, Wohnungen und ein Hotel untergebracht sind. Von einer Aussichtsplattform kann man hier über den Hafen und die Stadt blicken.

Für Klookschieters

Die Speicherstadt ist auch sehr beliebt als Filmkulisse. Die jungen Detektive aus der Fernsehserie „Die Pfefferkörner" haben ihr Hauptquartier zum Beispiel in der Speicherstadt.

Die Speicher stehen alle auf Holzpfählen. Im modderigen Untergrund des Hafens ist das ein sehr stabiles Fundament. Solange die Holzstämme von Erde umgeben sind und keine Luft an sie herankommt, gammeln sie auch nicht und sind sehr haltbar.

Die teuersten Wohnungen der Hafencity befinden sich in der Elbphilharmonie. Ein einziger Quadratmeter Wohnfläche kostet dort mehr als ein kleines Auto! Für große Wohnungen kommt schnell ein Preis von mehreren Millionen Euro zusammen.

Bei einer Sturmflut stehen große Teile der Speicherstadt und der Hafencity unter Wasser. Über höhergelegte Fußwege und Brücken kommen die Bewohner dann trotzdem zu ihren Häusern. Und auch Feuerwehr und Rettungsfahrzeuge kommen jederzeit herein und heraus.

WOHNEN, STADTWACHSTUM UND HAMBURG FRÜHER

EPPENDORF

WANDSBEK

ALSTER

EIMSBÜTTEL

ALTONA

1890

ELBE

DOLL VOLL, DIE STADT!

1937

HARBURG UND WILHELMSBURG

Hamburg wächst

Die Zahl der Leute, die in Hamburg leben, wächst. Allerdings nur ganz langsam. Im vorletzten und bis ins letzte Jahrhundert hinein wuchs sie noch viel schneller. Während vor zweihundert Jahren ungefähr 100 000 Menschen in der Stadt lebten, waren es vor hundert Jahren schon zehnmal so viele, nämlich eine Million. Das hatte ganz unterschiedliche Gründe. Zwei ganz wichtige waren die Industrialisierung und dass 1860/61 die sogenannte „Torsperre" abgeschafft wurde. Die Industrialisierung, also die Entstehung großer Fabriken in den Städten, für die viele Arbeiter gebraucht wurden, sorgte dafür, dass viele Menschen vom Land in die Stadt zogen. Die Aufhebung der Torsperre hatte zur Folge, dass man durch die Stadttore jederzeit in die Stadt rein- und auch wieder rauskonnte. Vorher waren sie immer mit Einbruch der Dunkelheit geschlossen worden. Zusammen mit den vielen und immer schnelleren Verkehrsmitteln war es nun kein Problem mehr, auch außerhalb der Stadt zu wohnen – selbst wenn man in der Stadt arbeitete. Viele kleine Dörfer rund um Hamburg wie zum Beispiel Eppendorf oder Eimsbüttel wurden nun zu dicht besiedelten Orten und ganz normalen Teilen der Stadt.

3 + 1 = 1?

Sehr viel mehr Leute lebten plötzlich in Hamburg, als 1937 ein Gesetz beschlossen wurde, das aus den Städten Hamburg, Altona, Harburg-Wilhelmsburg und Wandsbek eine einzige Stadt machte. Ungefähr 600 000 Menschen wurden so über Nacht zu Hamburgern und Hamburgerinnen. Nur wenige Jahre später veränderte der Zweite Weltkrieg das Aussehen der Stadt vollkommen. Bei Flugzeugangriffen wurden Tausende Häuser und ganze Stadtteile zerstört. Nach dem Krieg wurde die Stadt dann fast ganz neu wieder aufgebaut. Neben ältere Wohnhäuser stellte man neuartige Gebäude, die oft nicht mehr direkt an die Straßen reichten, sondern von Grün umgeben waren. Und am Stadtrand wuchsen immer mehr Hochhäuser in die Höhe.

Für Klookschieters

Die Grindelhochhäuser in Eimsbüttel wurden gleich nach dem Zweiten Weltkrieg gebaut und waren die ersten Hochhäuser zum Wohnen in Deutschland. Mit Fahrstühlen, Müllschluckern und Einbauküchen waren sie für die Zeit damals sehr modern ausgestattet.

Im Jahr 1842 zerstörte ein riesiges Feuer große Teile der heutigen Innenstadt. Das ist neben den Zerstörungen im Krieg und den absichtlichen Abrissen noch ein Grund, warum in Hamburg heute nicht mehr so viele richtig alte Häuser stehen.

Das älteste Gebäude Hamburgs steht gar nicht in der Stadt, sondern auf einer Insel in der Nordsee. Die kleine Insel Neuwerk hatten die Hamburger nämlich schon im Mittelalter zu einem Teil von Hamburg erklärt, um die Schifffahrt an der Elbmündung zu schützen.

heute

Villa, Wohnung, Hochhaussiedlung

Wie die Menschen wohnen, hängt sehr davon ab, wie viel Geld sie dafür ausgeben können. Ohne ein gewisses Vermögen auf dem Konto ist es jedenfalls nicht möglich, in einer Villa mit Blick auf die Elbe oder die Alster zu wohnen. Doch selbst eine mittelgroße Altbauwohnung in der Stadt können heute viele schon nicht mehr bezahlen. Ob das gerecht ist, ist eine wichtige Frage. Tatsache ist jedenfalls, dass es in einer Stadt immer Gegenden gibt, in denen die Menschen lieber wohnen als in anderen. Und wenn viele Menschen in diese Gegenden ziehen wollen, dann wird dort alles teurer. Die, die schon lange in diesen Vierteln leben, müssen dann oft umziehen, weil sie sich die steigenden Mieten nicht mehr leisten können. Im Laufe der Zeit passiert das in immer mehr Vierteln. Es ist noch gar nicht so lange her, da waren zum Beispiel das Schanzenviertel oder St. Georg zum Wohnen noch ziemlich unbeliebt und die Wohnungen dort einigermaßen preiswert.

JEDE MENGE ENGE GÄNGE!

GÄNGEVIERTEL

1850

Wohnen früher

Früher lebten die meisten Menschen noch mitten in der heutigen Innenstadt, also innerhalb des Wallrings, des Verlaufs der alten Stadtbefestigung, die vor ungefähr zweihundert Jahren abgebaut wurde. Hier gab es an mehreren Stellen sogenannte „Gängeviertel", denn durch die „Gänge" – schmale Gassen und kleine Durchgänge – kam man oft erst zu den hinter den Straßenfronten versteckten Behausungen der armen Leute. Die Wohnverhältnisse waren erbärmlich und ungesund. Ab dem Beginn des letzten Jahrhunderts begann man nach und nach, diese schlimmen Wohngebiete abzureißen. An ihrer Stelle baute man rund um den Michel neue Wohnhäuser, in der Gegend zwischen Hauptbahnhof und Rathaus aber eine Innenstadt, die nur aus Geschäften bestand. Wenn die Geschäfte und Büros am Abend geschlossen haben, ist es hier deshalb fast wie ausgestorben.

EIN- UND AUS-WANDERUNG

Weltweite Wanderung

Seit es Menschen gibt, wandern sie über den Erdball. Heute nennt man das „Migration" (vom lateinischen Wort für wandern: „migra-re"). Die Gründe dafür, warum Menschen ihre Heimat verlassen und woanders hinziehen, manchmal in ein sehr weit entferntes Land, sind ganz verschieden. Einige gehen, obwohl sie nicht unbedingt müssen, weil sie zum Beispiel eine ganz spezielle Arbeits-stelle gefunden haben, die es bei ihnen zuhause nicht gibt. Viele gehen aber auch aus Not, weil sie in ihrer Heimat nicht genügend Geld verdienen, mit dem sie sich und ihre Familie ernähren können. Und manche werden wegen ihres Glaubens oder ihrer politischen Ansichten verfolgt und müssen aus ihren Heimatländern fliehen.

Kommen, Gehen, Bleiben

Jedes Jahr ziehen viele Tausende Menschen nach Hamburg, aber es gehen auch viele Tausende aus der Stadt fort. Die meisten kommen aus einem anderen Ort in Deutschland oder ziehen in eine andere deutsche Stadt. Schon immer war Hamburg als große Hafen- und Handelsstadt aber auch das Ziel von Menschen aus dem Ausland. Aus den unterschiedlichsten Ländern zog es sie zu verschiedenen Zeiten nach Hamburg. Das waren zum Beispiel Leute, die im 15. und 16. Jahrhundert wegen ihres Glaubens aus Portugal und Holland flüchten mussten oder im 18. Jahrhundert wegen der Französischen Revolution aus Frankreich. Nach dem Zweiten Weltkrieg kamen viele Arbeitskräfte aus Südeuropa und der Türkei, denen man in Deutschland Arbeitsplätze angeboten hatte. Andererseits haben in den Jahrzehnten rund um das Jahr 1900 aber auch viele Millionen Menschen – Deutsche und Osteuropäer – Europa über den Hamburger Hafen verlassen, weil sie sich in den USA, in Südamerika oder anderswo auf der Welt ein besseres Leben erhofften.

Internationale Stadt

In den letzten Jahrzehnten ist Hamburg durch die Zuwanderung immer internationaler geworden. Menschen aus der ganzen Welt leben in der Stadt und machen sie bunter und abwechslungsreicher. Mehr als jeder dritte Mensch, der in Hamburg lebt, hat einen sogenannten „Migrationshintergrund". Das bedeutet, dass er entweder keinen deutschen Pass besitzt oder zumindest eine Mutter oder einen Vater hat, die bei ihrer Geburt keine Deutschen waren. Die meisten Menschen mit Migrationshintergrund in Hamburg stammen aus der Türkei, aus Polen und aus Afghanistan. Sehr viele von ihnen haben heute einen deutschen Pass.

Bunte Mischung

In einigen Gegenden Hamburgs kann man besonders viele Menschen sehen, die aus anderen Ländern und Kulturen stammen. Oft haben die Neuankömmlinge nicht viel Geld und leben deshalb in Stadtteilen, wo die Miete nicht so hoch ist. Deshalb findet man in manchen Vierteln auch mehr Geschäfte, Vereine und Gotteshäuser für die Zuwanderer als in anderen. Der türkische Imbiss und der indische Supermarkt oder die Moschee und die russisch-orthodoxe Kirche, Frauen mit Kopftuch und Männer mit Turban – das sind alles Zeichen dafür, dass die Hamburger aus verschiedenen Kulturen stammen. Damit das Zusammenleben trotz der vielen Unterschiede gut klappt, müssen alle verstehen, dass andere Menschen manche Sachen anders machen als sie selbst. Wenn die Leute sich darum bemühen und alle gut miteinander klarkommen, spricht man von einer gelungenen „Integration".

Für Klookschieters

Wer neu nach Hamburg zieht, wird als „Quiddje" bezeichnet. Woher dieser komische Name kommt, ist nicht ganz klar. Eine Erklärung geht so: Wer früher in die Stadt hineinwollte, musste an den Stadttoren eine Gebühr bezahlen, um durchgelassen zu werden. Dafür bekam man eine Quittung in die Hand gedrückt und war deshalb ein „Quiddje".

In der Schmuckstraße auf St. Pauli gab es vor hundert Jahren ein kleines „Chinatown". Wie in anderen Hafenstädten, zum Beispiel London oder San Francisco, wurde das Viertel von chinesischen Seeleuten gegründet, die nicht mehr zur See fahren wollten und stattdessen Restaurants und Geschäfte aufmachten, um davon zu leben.

Auch in Hamburg haben nicht immer alle Menschen friedlich zusammengelebt. In der Zeit des Nationalsozialismus in Deutschland zwischen 1933 und 1945 wurden viele Menschen zum Beispiel wegen ihrer Religion oder ihrer politischen Meinungen verfolgt. Vielen gelang es, in andere Länder zu fliehen. Tausende Hamburger verloren aber auch ihr Leben. Mit dem kleinen „Chinatown" war es in dieser Zeit ebenfalls vorbei.

FREIZEIT, PARKS UND HAGENBECK

Grüne Stadt

Hamburg ist grün und verglichen mit anderen grünen Städten sogar noch viel, viel grüner. An den Straßen stehen lauter Bäume, und es gibt eine Menge große und kleinere Parks und Grünanlagen. Das ist nicht selbstverständlich und war auch nicht immer schon so. Ganz früher machte man sich nicht viel aus Grünanlagen in der Stadt. An einigen Stellen wurde Gemüse angebaut, und einige reiche Bürger leisteten sich hübsche Gärten. Dort „lustwandelten" sie dann, wie man das Spazierengehen in den Gärten nannte. Erst ab dem 18. Jahrhundert entstanden große private Parks außerhalb der Innenstadt.

Parks für alle

Als es in der Stadt seit Ende des 19. Jahrhunderts immer voller wurde, begann man, öffentliche Parks für alle Menschen anzulegen, wo sie sich von Arbeit und Stadtlärm erholen konnten. So entstanden zum Beispiel der Stadtpark und der Altonaer Volkspark. Oft gab es hier auch Schwimmbäder und andere Freizeiteinrichtungen wie Cafés, Konzertbühnen und Sportplätze. Außerdem wurden viele Parks, die vorher wohlhabenden Leuten gehört hatten, von der Stadt übernommen und zu öffentlichen Grünanlagen gemacht, zum Beispiel an der Elbe. Ein ganz besonderer Park ist „Planten un Blomen". Er zieht sich entlang der früheren Stadtbefestigung und auf dem Gelände ehemaliger Friedhöfe durch die Stadt. Für mehrere Gartenausstellungen wurde er immer wieder neu gestaltet. Deshalb gibt es hier heute Plastikberge zum Toben, eine bunt leuchtende Wasserlichtorgel und eine große Schlittschuhbahn.

Für Klookschieters

Außer Tieren hat Hagenbeck früher viele Jahre lang auch Menschen zur Schau gestellt. In sogenannten „Völkerschauen" präsentierte man dem Publikum Menschen aus fernen, damals noch wenig bekannten Ländern. Wie sich die vorgeführten Menschen dabei fühlten, darüber haben die Leute damals scheinbar nicht richtig nachgedacht. Heute würde man so etwas nicht mehr machen.

Viele Jahre war das Maskottchen des Norddeutschen Rundfunks das Walross „Antje" aus dem Tierpark Hagenbeck.

Hamburg legt immer noch neue Parks an. Die neuesten großen Grünanlagen sind der „Lohsepark" in der Hafencity und der „Inselpark" in Wilhelmsburg.

Tierpark Hagenbeck

Ein ganz spezieller Park ist der „Tierpark Hagenbeck". Seit über hundert Jahren ist er ein weltberühmter Zoo. Hier wurden einige Arten der Tierhaltung und der Tierpräsentation erfunden, die heute in Zoos auf der ganzen Welt üblich sind. Seit Langem schon befindet sich Hagenbeck im Stadtteil Stellingen. Begonnen hat es mit dem Tierpark aber mitten in der Stadt. Die Familie Hagenbeck betrieb einen Fischhandel auf St. Pauli. Doch als sie neben Fisch einmal Seehunde geliefert bekam, stellte sie diese öffentlich zur Schau – und war überrascht, wie begeistert die Leute waren! So begann man, weitere Tiere zu kaufen, auszustellen und auf Wunsch auch weiterzuverkaufen. Aus diesem Tierhandel entwickelte sich der heutige Tierpark.

Strand und Palmen

Für alle, die Parks zwar schön finden, aber in ihrer Freizeit lieber ans Wasser wollen, hat Hamburg viele verschiedene Orte zu bieten, denn Wasser gibt es ja reichlich in der Stadt – nur nicht immer gleich zum Reinspringen. An der Alster gibt es leider keine Badestelle. Aber die Elbe ist sauberer, als die meisten denken, und an ihrem Ufer sind einige schöne Sandstrände. Zwar sind die Strömung und die Wellen der vorbeifahrenden Schiffe manchmal ziemlich gefährlich, aber an einigen Stellen darf man baden. Echte Palmen wachsen in Hamburg übrigens nicht so viele, dafür liegt die Stadt zu weit im Norden. Aber bei der St.-Pauli-Kirche kann man mit bestem Blick auf die Elbe seine Hängematte zwischen zwei künstliche Palmen spannen.

Sportliche Stadt

Die einen hassen ihn, die anderen möchten fast nichts anderes machen: Sport! Hamburg ist auf alle Fälle eine sehr sportliche Stadt: Fast jeder dritte Einwohner ist Mitglied in einem Sportverein, auch wenn viele von diesen Mitgliedern sich sportliche Ereignisse lieber vom Sofa oder der Tribüne aus angucken. In früheren Jahrhunderten gab es Sport als Freizeitbeschäftigung mit festen Regeln und Veranstaltungen praktisch kaum. Erst in den letzten zweihundert Jahren wurde Sport als Hobby für viele und Beruf für wenige mehr und mehr zu einer alltäglichen Sache.

Mannschaftssport

HSV gegen den FC St. Pauli! – Die großen Rivalen im Hamburger Fußball stellen die vielen anderen Sportarten, in denen Hamburger Mannschaften oft die Gewinner sind, etwas in den Schatten. Dabei sind die großen Erfolge des HSV mittlerweile schon einige Jahre her, na, und die Paulianer haben auch lange keinen Blumenpott mehr gewonnen. Anders als zum Beispiel die braun-weißen Rugby-Damen, die achtfache deutsche Meisterinnen sind! Oder die Hockey-Spieler: Da sind Hamburger Clubs bei den Frauen und Männern sogar internationale Spitzenklasse. In vielen anderen Sportarten sind oder waren Hamburger Teams wenigstens deutschlandweit ziemlich erfolgreich. Dazu gehören zum Beispiel Handball, Eishockey und Volleyball.

Wasser- und Pferdesport

Weil es in Hamburg so viel Wasser gibt, ist es vielleicht nicht ganz so überraschend, dass Wassersportarten hier immer schon sehr beliebt waren. Alster, Elbe und die Kanäle sind an schönen Tagen jedenfalls meist voll mit Seglern, Ruderern und Kanuten. Und auch zum Schwimmen gibt es viele Möglichkeiten, vor allem in Frei- und Hallenbädern. Etwas überraschender ist schon, dass Pferdesport in Hamburg so beliebt ist. Eines der wichtigsten Galopprennen Deutschlands findet einmal im Jahr auf der Rennbahn in Horn statt, und im Springreiten ist das Derby in Klein Flottbek ein echter Klassiker.

Große und kleine Sportereignisse

Für wichtige Veranstaltungen hat Hamburg große Stadien und Hallen, und manchmal werden (wie beim Radrennen „Cyclassics" und dem Triathlon-Weltcup) auch die Straßen der Stadt zur Sportstätte. Bei beiden Veranstaltungen gibt es auch Rennen für jedermann und jederfrau. Denn das ist ja eigentlich das Tolle am Sport: selber dabei sein! Da wird dann plötzlich das Fußballspiel der E-Jugend zur aufregendsten Sache überhaupt und die Bundesjugendspiele so wichtig wie Olympia. Und wer weiß, vielleicht rennen ja wirklich schon heute kommende Olympiasieger auf der Jahnkampfbahn oder kraulen durchs Wasser der „Schwimmoper".

PLATZ DA!

Für Klookschieters

Einige heute fast vergessene Sportarten wurden in Hamburg sehr erfolgreich gespielt, so zum Beispiel das dem Volleyball ähnliche Faustball, Schlagball (eine Art Baseball), Feldhandball und Radball.

Das erste Endspiel um die deutsche Meisterschaft im Fußball fand 1903 in Altona statt (VfB Leipzig gegen „Deutscher FC Prag" 7:2).

WASSER, STROM UND MÜLL

Elbwasser, Grundwasser, Trinkwasser...

Menschen müssen nicht nur essen, sie brauchen auch genügend Flüssigkeit. Da hatte man es früher ziemlich einfach, denn Trinkwasser nahm man bei Hochwasser aus den Fleeten, wenn man es sich nicht von Wasserträgern ins Haus liefern ließ. Dass das Wasser aus den Fleeten nicht ganz so lecker war, haben wir ja schon erzählt. Doch schon im Mittelalter ließen sich manche Haushalte sauberes Wasser aus Quellen durch ein Rohrsystem ins Haus leiten. Ein richtiges Trinkwassersystem für alle erhielt Hamburg aber erst in der Mitte des 19. Jahrhunderts. Das Wasser kam erst mal weiter aus der Elbe und wurde kaum gereinigt in die Leitungen gepumpt. Erst seit ungefähr fünfzig Jahren ist kein Elbwasser mehr im Trinkwasser, sondern nur noch sauberes Grundwasser aus Hamburg und Umgebung. Und auch „Alsterwasser" wird leider nicht ins Haus geliefert.

... und Abwasser

Was oben reinkommt, muss natürlich unten wieder raus. Früher landete der ganze Schiet dann in den Fleeten oder wurde mit sogenannten „Kummerwagen" als Dünger auf die Felder vor der Stadt und zu den Müllkippen gebracht. Zur gleichen Zeit wie das Trinkwassernetz baute man dann auch ein Abwassernetz, mit dem man den Schiet über Rohre wegleiten konnte. Heute gibt es jeweils mehr als 5000 Kilometer Frischwasser- und Abwasserrohre unter der Stadt. Manche Abwasserrohre sind so groß, dass man mit kleinen Booten durch sie hindurchfahren kann.

Müll und „Recycling"

Neben den Abwässern gibt es natürlich noch den ganzen anderen Müll, zum Beispiel Plastikmüll, Papier, Holz, Elektroschrott, altes Spielzeug und Metalldosen. Wenn möglich, wird der Müll „recycelt". Das kommt aus dem Englischen und heißt, dass man versucht, möglichst viele Bestandteile des Mülls für die Herstellung von neuen Sachen zu benutzen. Damit das auch klappt, wirft man verschiedene Müllsorten in unterschiedliche Sammelbehälter. Und egal, ob man den Müll in eine Tonne wirft oder zum Recyclinghof bringt, immer wird versucht, die wertvollen Bestandteile des Mülls herauszuholen. Dafür wird der Müll noch einmal sortiert, und nur das, was dann gar nicht mehr zu verwenden ist, landet auf der Müllkippe oder wird verbrannt. Beim Verbrennen entsteht immerhin noch nützliche Energie.

MÜLLKIPPE

MÜLLVERBRENNUNG

RECYCLING

KLÄRWERK

WASSERWERK

Strom aus Kohle, Wind und Sonne

Natürlich braucht man für ganz viele Dinge Strom ... Und der kommt aus der Steckdose, is' doch klar! Aber vorher muss er natürlich erst mal produziert werden. Die Hamburger bekommen ihren Strom aus ganz unterschiedlichen Quellen. Die meiste Energie wird durch große Kraftwerke erzeugt, in denen Kohle oder Erdgas verbrannt werden. Immer mehr Strom kommt aber auch aus Quellen, die immer wieder neu entstehen wie Wind und Sonne, Biomasse (zum Beispiel Holz oder Raps) und Erdwärme. Um den Strom in die Häuser zu leiten, ist die ganze Stadt unter der Erde mit einem gigantischen Netzwerk von Rohren und Stromkabeln durchzogen.

Für Klookschieters

Schon mal von 'nem „Düker" gehört? Das ist ein Abwasserrohr, das unter Bauwerken oder Gewässern durchführt. Ein besonders großer Düker verläuft von den Landungsbrücken unter der Elbe zum „Ködelhöft", der großen Kläranlage mit den silbernen Silo-Eiern.

Wenn man die Trink- und Abwasserrohre der Stadt in einer geraden Strecke aneinanderlegen würde, würden sie weiter reichen als von Hamburg nach Japan oder von Hamburg an die Westküste der USA.

Ein Wasserträger, den die Leute in Hamburg bis heute kennen, ist der „Hummel". Das war der Spitzname eines Mannes, der mit richtigem Namen Johann Wilhelm Bentz hieß. Wenn der griesgrämige Bentz mit schwarzer Kleidung und Zylinder seine schweren Eimer durch die Straßen trug, wurde er von den Kindern sehr oft verspottet. Auf ihren Ruf „Hummel, Hummel" soll er ihnen mit „Mors, Mors" geantwortet haben. Mors ist im Plattdeutschen der Hintern. Man kann sich also leicht denken, was das heißen sollte: „Leckt mich am ..."

WINDENERGIE

SOLARENERGIE

BIOMASSEKRAFTWERK

KOHLEKRAFTWERK

Schön stinkerig, der Düker...

KANALISATION

GRUNDWASSER

POLIZEI, FEUERWEHR UND KRANKENHAUS

Recht und Ordnung

Natürlich gehen in einer großen Stadt immer mal Dinge schief, und leider sind auch nicht alle Menschen immer nett und respektvoll zueinander. Wenn es also mal zu einem ernsten Streit kommt, den die Beteiligten nicht alleine klären können, oder sogar zu Überfällen und Gewalt, wenn ein Verkehrsunfall passiert oder Ampeln ausfallen, dann ist das ein Fall für die Polizei. Die Polizistinnen und Kriminalbeamten versuchen in solchen Situationen, möglichst schnell die normale Ordnung wiederherzustellen: Sie regeln den Verkehr, bis die Ampel wieder funktioniert, versuchen, Streit zu schlichten, schreiben auf, was passiert ist, nehmen Täter fest und helfen, wenn nötig, später den Gerichten, ein Urteil zu fällen.

Feuer und andere Katastrophen

Für schnelle Hilfe ist auch die Feuerwehr da. Nicht nur bei Bränden ist sie zur Stelle, sondern beispielsweise auch bei Unfällen und verschlossenen Türen, Überschwemmungen und Sturmschäden. Und auch wenn Omis Katze sich entschieden hat, irgendwohin zu klettern, wo sie von selbst nicht wieder runterkommt, kann die Feuerwehr oft helfen. In Hamburg gibt es viele Feuer- und Rettungswachen, damit die Retter überall im Stadtgebiet so schnell wie möglich am Einsatzort sein können. Und wenn's ganz besonders schnell gehen muss, kommt auch mal ein Hubschrauber. Außer den Rettungswagen der Feuerwehr sind noch viele andere Krankenwagen auf den Straßen Hamburgs unterwegs, zum Beispiel vom Roten Kreuz oder dem Arbeiter-Samariter-Bund.

Gute Besserung

Manchmal müssen die Krankenwagen Menschen zur Behandlung in die Krankenhäuser der Stadt bringen. Dort sorgen dann Ärzte und Pflegepersonal dafür, dass es den Patienten hoffentlich bald wieder besser geht. Etwa 37000 Menschen – deutlich mehr als ins Millerntorstadion passen – arbeiten in Hamburgs Kliniken. Einige Krankenhäuser sind spezialisiert auf bestimmte Krankheiten oder Patienten, andere haben Abteilungen für alle möglichen Krankheiten. So gibt es zum Beispiel zwei Krankenhäuser, in denen nur Kinder behandelt werden.

Für Klookschieters

Die Hamburger Polizei veranstaltete viele Jahre lang eine große Show, wo die Motorradstaffel Kunststücke aufführte, die Diensthunde Schnauzball spielten und das Polizeiorchester aufspielte.

Mehr als 1300 mal am Tag – also fast jede Minute – wird die Polizei in Hamburg bei Einsätzen gebraucht. Zum Glück brennt es nicht ganz so oft, aber immerhin gut dreißig mal am Tag rückt die Feuerwehr im Durchschnitt für Brandeinsätze aus. Bei etwa der Hälfte dieser Einsätze handelt es sich allerdings um Fehlalarme. Allein die Rettungswagen der Feuerwehr sind außerdem täglich mehr als sechshundert mal im Einsatz.

Beim Großen Brand 1842, in dem gut ein Viertel Hamburgs zerstört wurde, gab es auch schon Feuerwehren, aber das Feuer war einfach zu groß und sie mussten Hilfe aus anderen Orten bekommen.

HAMBURG BEI NACHT

Auf der Reeperbahn nachts um halb eins ...

Auch wenn die meisten Menschen nachts schlafen, schläft eine ganze Stadt doch nie. In Hamburg ist vor allem im Stadtteil St. Pauli nachts eine Menge los, ganz besonders an den Wochenenden. Die Leute strömen dann auf die Reeperbahn, die eine der bekanntesten Straßen der Welt ist. Wo immer man sich in anderen Ländern mit Menschen über Hamburg unterhält, die Reeperbahn kennen eigentlich alle. Rund um die Straße, wo früher von den sogenannten „Reepschlägern" Seile hergestellt wurden, sind freitags- und samstagsabends jedenfalls immer Zigtausende Menschen unterwegs, um sich in den Theatern lustige Stücke anzusehen oder in den Kneipen und Clubs zu feiern und zu tanzen. Geschlafen wird erst am nächsten Morgen.

Nachtarbeit

Damit die Stadt funktioniert, müssen auch viele Menschen nachts arbeiten. Wenn die Feiernden irgendwann müde werden, müssen sie ja zum Beispiel irgendwie nach Hause kommen. Doch nicht nur Bus- oder Taxifahrer arbeiten nachts. Auch an vielen anderen Stellen steht die Stadt nachts nicht still: Krankenschwestern kümmern sich um Patienten, Nachtwächter öffnen Hoteltüren, Zeitungen werden gedruckt, Brötchen gebacken, Container im Hafen bewegt, und es müssen noch vielerlei andere Dinge getan werden, damit auch am nächsten Tag alles wieder seinen geregelten Gang gehen kann.

POLIZEI

KLAUS MEYER LOGISTICS

TRANS

WONG XIU CARGO

HU YONG

HAMBURG SÜD

CHINA SHIPPING

WUMM WUMM

Zum Silbersack

KIOSK

DÖNER KING

NACHT EXPRESS   ST. PAULI → BLANKENESE   125

HOTEL

MORGEN POST

SUPERBACK

Andere Nachtgestalten

Tja, und außer den Leuten, die sich vergnügen oder die arbeiten, sind noch ein paar andere Gestalten nachts aktiv und schleichen durch Straßen und Hinterhöfe. Vor allem kleine Tiere wie Igel und Mäuse werden erst so richtig munter, wenn es dunkel wird. Aber auch Füchse, Waschbären und Wildschweine, die einem tagsüber in der Stadt nur ganz selten über den Weg laufen, fühlen sich im Schutz der Dunkelheit wohl und kommen dann aus ihren Verstecken hervor. Auf der Suche nach Nahrung oder was sonst so anliegt ...

JAN KRUSE ILLUSTRATØR

Jan Kruse arbeitet als Illustrator und Grafiker unter dem Namen Human Empire und ist Mitbegründer des Ladens und Onlineshops Human Empire Shop.
Er liebt es, stundenlang mit dem Fahrrad durch die Stadt zu fahren und dabei immer neue Dinge zu entdecken.

www.humanempire.com / www.humanempireshop.com

JÖRN TIETGEN AUTØR

Dr. Jörn Tietgen hat Politik und Geschichte studiert. Seit vielen Jahren arbeitet er als Stadtführer bei Stattreisen Hamburg e.V. und als Autor von Hamburg-Büchern. Nebenbei macht er Lärm als Schlagzeuger in Punk- und Rock-Bands, ist Parkfußballer und Tribünensteher (braun-weiß), Papa und Hausmann.

Junius Verlag GmbH
Stresemannstraße 375
22761 Hamburg
info@junius-verlag.de
www.junius-verlag.de

© 2016 by Junius Verlag GmbH
Copyrights für Illustrationen: Jan Kruse
Copyrights für Text: Jörn Tietgen
Alle Rechte vorbehalten.

Illustration und Gestaltung: Jan Kruse
Printed in the EU

4., korrigierte Auflage 2025
ISBN 978-3-88506-770-2

Die Deutsche Nationalbibliothek – CIP Einheitsaufnahme
Bibliografische Information der Deutschen Nationalbibliothek
Die Deutsche Nationalbibliothek verzeichnet diese Publikation in der
Deutschen Nationalbibliografie; detaillierte bibliografische Daten
sind im Internet über http://dnb.dnb.de abrufbar.

PiP